Ontwerp omslag en binnenwerk: Petra Gerritsen

ISBN 978 90 488 3898 1
ISBN 978 90 488 3899 8 (e-book)
NUR 273

www.uitgeverijmoon.nl
www.mariannebusser-ronschroder.info
www.overamstel.com

OVERAMSTEL
uitgevers

Moon is een imprint van Overamstel uitgevers bv

Marianne Busser & Ron Schröder

De Sproeipoeper

Vrolijke versjes over vieze dieren

Met tekeningen van ivan en ilia

moon

Inhoud

Het nijlpaard *De sproeipoeper*

Een nijlpaard is nu niet bepaald
het allerdrukste dier
want hij drijft het liefst een beetje
in een meer of een rivier

Pas 's avonds gaat hij weer aan land
en doet zich aan het gras te goed
maar 't wordt pas écht een vreemd verhaal
als het nijlpaard poepen moet

Want als een nijlpaard dan gaat drukken
zwaait hij met zijn staartje
en sproeit zijn vieze keutels
in de rondte met een vaartje

Ze vliegen tegen alles aan
't is echt een viezerik
daarna kijkt het nijlpaard rond
en zegt tevreden: hiér woon ik!

En ziet een ander nijlpaard
al die klodders om zich heen
dan denkt hij: oeps, hier hoor ik niet
en hij vertrekt meteen!

De koekoek

Een ondankbare vogel

Wist je dat er vogels zijn
die echt niet willen trouwen
en samen ook geen nestje
voor hun eitjes willen bouwen?

Ze gaan al na de eerste kus
weer elk hun eigen weg
het vrouwtje zoekt daarna een nest op
van een musje in een heg

En als alle musjes weg zijn
zegt ze: weet je wat ik doe?
ik vlieg heel stiekem even
naar dat mussennestje toe

Snel legt ze er een ei in
en daarna vertrekt ze gauw
de musjes zeggen even later:
kijk een ei, hoe kán dat nou?

Ze zorgen heel goed voor het eitje
en na een tijdje gaat het open
er komt een koekoekskuikentje
naar buiten toe gekropen

De musjes vliegen af en aan
en zoeken steeds meer eten
want een koekoeksjong wordt groot
en is niet snel uitgegeten

Als de koekoek groot genoeg is
dan vertrekt hij razendsnel
maar zegt de musjes geen gedag
en zegt ook niet: dank je wel!

De kameleon *Een toverbal op pootjes*

Stel je staat met al je vriendjes
voor een prachtig blauwe deur
en voordat je 'hallo' kan zeggen
krijg jij ook zo'n blauwe kleur

Als je in het gras gaat liggen
om een spelletje te doen
roepen al je vriendjes lachend:
kijk, hij wordt een beetje groen

Nu denk je vast: dat kan toch niet
maar dan heb je het toch mis
want er is een dier dat dat wél kan
weet jij al wie dat is?

In het gras wordt hij wat groener
hij wordt grijzer op iets grauws
hij wordt roder als iets rood is
en wordt blauwer op iets blauws

Ik heb het zelf eens zien gebeuren
ik dacht ook dat het niet kon
maar één dier kan dat wel
en dat is de kameleon

Hij kiest de kleur van zijn omgeving
groen of geel – of rood of grauw
hij is een toverbal op pootjes
en daarom zie je hem niet gauw!

De dwergpotvis *Een poepwolk in de zee*

Er is een potvis die niet groot is
hij is juist een beetje klein
en soms is het écht niet grappig
om zo'n dwergpotvis te zijn

Want weet je wat het leven
van zo'n potvis moeilijk maakt?
dat is dat andere dieren vinden
dat hij heel erg lekker smaakt

Als een roofdier hem wil pakken
– een grote haai of een dolfijn –
is dat altijd weer gevaarlijk
en moet zo'n potvis handig zijn

Dus spuit de slimme kleine potvis
eerst een soort van diarree
en maakt dan een grote poepwolk
in het water van de zee

Daardoor kunnen alle dieren
om hem heen hem niet meer zien
en dan gaat hij snel proberen
of hij vluchten kan misschien

En als zo'n roofdier hem opnieuw vindt
nou, dan maakt de potvis snel
een nieuwe poepwolk in het water
misschien lukt het dáárna wel!

De zeeotter *Hand in hand*

Zeeotters die mossels eten
nemen eerst een flinke duik
en zoeken snel een platte steen
en leggen die dan op hun buik

Want een mosselschelp is stevig
en zit altijd goed op slot
daarom slaat de slimme otter
de schelp eerst op zijn steen kapot

Dan kan hij smikkelen en smullen
hij eet de schelpen razend vlug
en zo dobbert hij al etend
in het water op zijn rug

Hij draait zich om zodra hij klaar is
en dan zinkt de steen meteen
en als de otter weer wil eten
zoekt hij gewoon een nieuwe steen

En voor de ottertjes gaan slapen
denkt elke otter: opgepast
houd je – om niet weg te drijven
maar stevig aan het zeewier vast

En als dat nog niet sterk genoeg is
houden ze – ’t is eerlijk waar –
zich al liggend in het water
hand in hand wel bij elkaar

De pad *Een huppende dubbeldekker*

Padden lopen nu bepaald niet
met hun uiterlijk te koop
en dat snap je – want ze lijken
net een flinke hondenhoop

Maar de mannetjes en vrouwtjes
zien de schoonheid van elkaar
daarom gaan ze samen vrijen
in de lente – ieder jaar

Daarvoor gaan dan alle padden
naar hun geboorteplek terug
en een paddenman springt vrolijk
bij een vrouwtje op haar rug

Dat hij zelf niet hoeft te lopen
vindt zo'n paddenman wel lekker
en ze huppen naar het water
als een padden-dubbeldekker

En daar vrijen ze gezellig
dan een tijdje met elkaar
en na een nachtje lekker feesten
zijn de paddeneitjes klaar

Daarna is het paddenfeestje
voor dat jaar achter de rug
en dan gaan alle padden
naar hun eigen plekje terug

Het stinkdier

Hallo, hallo, wie stinkt daar zo?

Wist je dat een stinkdier
net zo groot is als een kat
en hij heeft speciale klieren
ergens achter op zijn gat

En als zo'n stinkdier boos wordt
stampt hij stevig op de grond
hij gaat grommen en hij klappert
met de tanden in zijn mond

Maak dan dat je heel snel wegkomt
anders ben je oliedom
want als je iets te lang wacht
draait het stinkdier zich al om

Dan maakt hij een soort van handstand
en hij tilt zijn staart omhoog
en wie dan nog niet is vertrokken
houdt het absoluut niet droog

Er spuit een straaltje uit die klieren
wat echt niemand grappig vindt
want dat spul dat stinkt nog erger
dan de állervieste wind

Het is een lucht die lang blijft hangen
en die je ook niet snel vergeet
dus nu snap je als de beste
waarom dit beest een stinkdier heet

De pinguïn *Een liefdessteentje*

Een pinguïn die verliefd is
die loopt uren op het strand
en schuift daar met zijn snavel
wat steentjes aan de kant

Hij zoekt met grote zorg
het allermooiste steentje uit
hij brengt het naar het vrouwtje
en vraagt dan: word jij mijn bruid?

Zeg ja – dan gaan we trouwen
en dan komt er vast een ei
daar zullen we dan heel goed
voor gaan zorgen allebei

En als het vrouwtje 'JA' gezegd heeft
dan komt het ei al gauw
en broeden ze het samen uit
midden in de kou

Meestal hoeft een man dan nooit meer
aan een vrouw een steen te geven
want als het goed gaat blijven ze
een paartje voor het leven!

Liedtekst
Pas op, daar komt de sproeipoeper!

Er zijn heel veel vieze dieren
in de wereld om ons heen
maar het grote dikke nijlpaard
staat voor ons op nummer één
als een nijlpaard net iets meer moet
dan een hele grote plas
en je maakt niet dat je weg bent
kan je broek wel in de was

Pas op, daar komt de sproeipoeper
hij sproeit alles in het rond
in de struiken – op de grond
pas op, daar komt de sproeipoeper
hij staat sproeiend in het gras
ik wist niet dat het zo'n viespeuk was!
je hebt vies en je hebt viezer
't is maar net waar je voor kiest
maar het grote dikke nijlpaard
dat is echt het állerviest!

Iedereen die vindt het smerig
maar een nijlpaard maakt het blij
want hij zegt: wat ik besproeid heb
dat is allemaal van mij!
't helpt echt niets wanneer je HO roept
EVEN WACHTEN NOG of STOP
als hij eenmaal gaat beginnen
zet je paraplu dan op!

Pas op, daar komt de sproeipoeper
hij sproeit alles in het rond
in de struiken – op de grond
pas op, daar komt de sproeipoeper
hij staat sproeiend in het gras
ik wist niet dat het zo'n viespeuk was!
je hebt vies en je hebt viezer
't is maar net waar je voor kiest
maar het grote dikke nijlpaard
dat is echt het állerviest!

Tekst: Ron Schröder & Marianne Busser
Muziek: André Pouwer

Zelf luisteren? www.mariannebusser-ronschroder.info/liedjes-op-youtube.php